DU

DIES INCERTUS

ET DE SES EFFETS

DANS LES DISPOSITIONS TESTAMENTAIRES

PAR

A. BOISTEL

PROFESSEUR A LA FACULTÉ DE PARIS

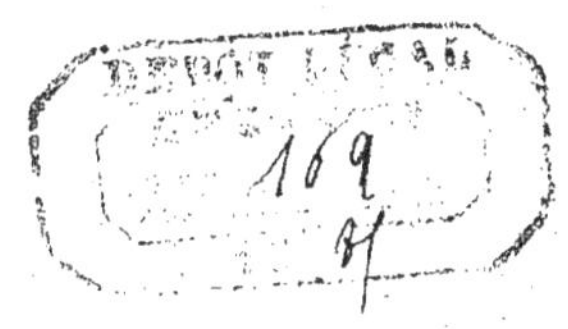

PARIS

ERNEST THORIN, ÉDITEUR

**Libraire du Collège de France, de l'Ecole normale supérieure,
des Écoles françaises d'Athènes et de Rome**

7, RUE DE MÉDICIS, 7

1885

DU

DIES INCERTUS ET DE SES EFFETS

DANS LES DISPOSITIONS TESTAMENTAIRES

Extrait de la *Revue générale du droit.*

TOULOUSE, IMPRIMERIE A. CHAUVIN ET FILS, RUE DES SALENQUES, 28.

DU

DIES INCERTUS

ET DE SES EFFETS

DANS LES DISPOSITIONS TESTAMENTAIRES

PAR

A. BOISTEL

PROFESSEUR A LA FACULTÉ DE PARIS

PARIS

ERNEST THORIN, ÉDITEUR

**Libraire du Collège de France, de l'Ecole normale supérieure,
des Écoles françaises d'Athènes et de Rome**

7, RUE DE MÉDICIS, 7

—

1885

DIES INCERTUS ET DE SES EFFETS

DANS LES DISPOSITIONS TESTAMENTAIRES

Il est une phrase de Papinien que les rédacteurs du Digeste nous ont jetée parcimonieusement sans explication, sans exemple à l'appui, isolée de tout ce qui, dans le texte original, pouvait en préciser le sens. Elle a les allures d'une règle exceptionnelle, la majesté d'un principe important. Et les interprètes du droit romain, frappés de son grand air, n'ont pas hésité à lui faire jouer un rôle des plus considérables dans l'interprétation des dispositions testamentaires. Cette maxime a passé même, dans notre ancien droit français, et de nombreux auteurs veulent encore l'appliquer sous l'empire du Code civil.

« *Dies incertus in testamento conditionem facit.* » C'est là tout le fragment 75, *De cond. et dem.* (D., 35, 1), détaché du livre 34 des *Quæstiones* de Papinien. Cette proposition semble révéler une règle toute spéciale aux testaments. Et, en effet, si l'on s'en tient à l'interprétation commune, la plus légère réflexion fait apercevoir bien vite la singularité de cette décision. Le terme est en lui-même bien distinct de la condition. Le premier est un événement qui arrivera sûrement et qui suspend seulement l'exécution d'un acte juridique. La condition, au contraire, est un événement qui peut arriver ou ne pas arriver, et qui suspend l'existence même d'un droit. Cette différence ne disparaît pas, lors même que le terme est qualifié d'incertain, *dies incertus*. Ce qu'on appelle terme incertain, c'est un événement qui arrivera sûrement, quoiqu'on ne sache pas dans combien de temps il se réalisera. On cite comme exemple la mort d'une personne, la fin d'une guerre, la dissolution d'un mariage, l'expiration d'une société (1); on pourrait citer également : la cessation des

---

(1) V. Machelard, *Examen de la règle* Dies incertus, p. 5.

fonctions de tel magistrat, la libération d'un débiteur (au moins dans les législations qui admettent la prescription extinctive), la démolition d'un édifice, l'épuisement d'une carrière, la fonte des neiges, la floraison de la vigne, les premiers foins, etc. Ces divers événements devant nécessairement se réaliser, le droit, dont l'exercice leur est subordonné, ne présente aucune incertitude dans son existence; il n'y a donc pas là les caractères d'une condition. Si donc, dans les testaments, le terme incertain est assimilé à une condition, ce ne peut être que par une exception, et une exception très singulière, aux principes.

Le sens dans lequel est généralement entendue la règle *dies incertus...* est-il bien celui que lui donnaient les jurisconsultes romains? Le mot *dies incertus* a-t-il bien ici la signification qu'on lui attribue? Il nous sera permis d'exprimer les doutes les plus sérieux sur ces questions. — Il y a plus de quatre ans, à l'occasion d'une leçon sur l'art. 1041, C. civ., nous voulûmes revoir les divers textes du droit romain qui se réfèrent au *dies incertus* dans les testaments, et qui sont regardés comme l'application de la règle de Papinien. Une observation nous frappa à cette lecture : c'est que le seul exemple donné par les textes est toujours la *mort de l'héritier* ; jamais les jurisconsultes n'ont parlé à ce propos de la *mort d'un tiers*, ni d'aucun autre cas de ce qu'on appelle aujourd'hui le terme incertain. Quant à la *mort du légataire,* il est dit très formellement qu'elle ne donne pas lieu à l'application de la règle. En présence de l'exemple unique donné par les textes, une pensée surgissait tout naturellement : n'y a-t-il pas là une règle spéciale formulée pour un cas particulier? Sommes-nous autorisés à appliquer la fameuse phrase de Papinien à tous les cas où il y a terme incertain dans le sens moderne?

Ces questions ont été abordées récemment dans une brochure, par M. Louis Durand, avocat à la Cour d'appel de Lyon ; et, sur un certain nombre de points, ses observations concordent avec les nôtres. Sans vouloir marcher sur ses brisées, et sans lui disputer l'honneur d'une première publication de ces idées, nous ne croyons pas inutile d'exposer aux lecteurs de cette *Revue* comment nous avions conçu nous-même la théorie de la règle *dies incertus in testamento conditionem facit.* Nous nous ferons un plaisir de citer l'opuscule de M. Durand, lorsque nous toucherons aux questions qu'il a traitées ; et nous nous féliciterons d'une coïncidence de vues qui nous donnera plus de confiance dans l'exactitude de notre doctrine.

Nous aurons d'abord à établir quel est le sens du mot *dies incertus* dans les différents textes qui ont employé cette expression. Nous nous demanderons ensuite quelle signification il faut attacher à la célèbre règle que nous nous sommes proposé d'étudier.

I

QUEL EST LE SENS DU MOT DIES INCERTUS DANS LES TEXTES
DU DROIT ROMAIN.

Dans la langue du droit français moderne, l'expression de *terme incertain* n'a qu'un sens unique et bien déterminé, celui que nous avons défini plus haut. Aucun jurisconsulte, s'il a quelque souci de l'exactitude du langage, n'emploiera ce mot pour désigner autre chose qu'un événement qui arrivera certainement, bien que l'époque de sa réalisation soit inconnue; nul ne songera à confondre cette modalité avec une condition dont l'arrivée même est incertaine. Cette précision rigoureuse, due en grande partie au besoin de netteté qui caractérise l'esprit français, et surtout l'esprit français moderne, a peut-être influé sur l'interprétation que nos auteurs récents ont donnée du droit romain en cette matière.

Pour nos anciens commentateurs, le mot *terme incertain* était loin d'avoir une signification aussi absolue ; il avait au moins deux sens, et il semble que le sens moderne n'était pas le plus usité ; ce n'est pas lui qui se présentait le premier à leur pensée. Nous n'en voulons pour témoins que Domat et Pothier. Domat, dans ses *Lois civiles*, livre 3, titre Ier, consacre la section 8e aux « conditions, charges, destinations, motifs, désignations et termes du temps, que les testateurs peuvent ajouter à leurs dispositions. » Au n° 12 de cette section, il parle d'abord du terme certain. Puis il ajoute : « Mais le terme à jour incertain renferme une condition d'où le legs dépend. Ainsi, par exemple, si un testateur lègue à un impubère quand il sera adulte ou majeur, à un ami quand il achètera une charge, à une fille quand elle se mariera, ces legs renferment la condition que ces temps arriveront. » Et il cite en note les LL. 7, 8, *De cond. et dem.*, D., 25-1 ; LL. 21 et 22, *Quando dies leg. cedat.*, D.,

36-2. Ces prétendus termes incertains sont de véritables conditions, car les événements visés peuvent très bien ne pas se réaliser. Domat l'explique très bien lui-même au n° 13 : « L'incertitude des temps d'où dépendent les legs expliqués dans l'article précédent consiste en ce qu'il est *incertain si* ces temps arriveront; car il peut ne pas arriver que le légataire devienne majeur, ou qu'il ait une charge, ou qu'une fille se marie. » C'est seulement ensuite que Domat aborde le terme incertain au sens moderne. Il continue ainsi : « Mais il y a des temps incertains d'une autre manière, quoiqu'il soit *certain qu'ils arriveront*, et qui ne laissent pas de rendre la disposition conditionnelle : comme, par exemple, s'il charge son héritier de remettre, quand il mourra, ou l'hérédité, ou un certain fonds à une autre personne; car, en ce cas, quoiqu'il soit certain que le temps arrivera de la mort de cet héritier, comme il est incertain si, quand elle arrivera, celui que cette disposition regarderait ne serait pas mort, cette incertitude rend la disposition conditionnelle, et renferme la condition que cette personne survive à cet héritier. » Les textes cités à l'appui sont les LL. 79, § 1 ; 1, § 2, *De cond. et dem.*, D., 36-1 ; et L. 4, *Quando dies*, D., 36, 2. — Il est évident que c'est uniquement dans le dernier cas, indiqué au n° 13, qu'il y a terme incertain; seulement alors, on peut dire que le terme incertain est transformé en condition dans le testament. On voit, par ces citations, que Domat désigne d'abord, sous le nom de terme incertain, de véritables conditions, exprimées par le mot *cum* au lieu d'être exprimées par le mot *si*, et qu'il ne parle qu'en seconde ligne du véritable terme incertain.

Pothier, dans ses *Pandectes*, procède aussi de la même façon; toutes ses définitions sont résumées en une phrase : « *Dies incertus est*, NON SOLUM QUUM INCERTUM EST AN SIT EXTITURUS; *sed et quum certo quidem existet*, sed QUANDO EXISTET, *et an vivo legatario extiturus sit, incertum est.* » *Pandectes*, liv. 35, tit. I, n° V. — Ici encore, le mot *dies incertus* est d'abord appliqué à de véritables conditions ; seulement ensuite on y comprend le terme dont l'époque est inconnue, et encore en insistant immédiatement sur le doute qui existe quant à la survie du légataire et qui introduit une condition tacite dans la disposition.

Si nous consultons des auteurs modernes, mais étrangers à la langue française, notamment Savigny, qui, dans son célèbre *Traité*, se donne uniquement pour mission de formuler, en les synthétisant, les idées des jurisconsultes romains, nous retrouvons le double sens déjà signalé par nos anciens auteurs. Dans sa classification quadripartite des différentes espèces de *dies*, il distingue : « le *dies certus* pour la question *an, incertus*

pour la question *quando,* » (c'est notre terme incertain français);
et « le *dies incertus* pour la question *an*, *certus* ou *incertus*
pour la question *quando* (1). » Ces deux dernières espèces
sont au fond de véritables conditions, comme Savigny le remarque lui-même à la page suivante.

Si maintenant nous remontons jusqu'aux textes mêmes du
droit romain, nous croyons pouvoir affirmer qu'il faut arriver à
une interprétation du mot *dies incertus,* beaucoup plus radi-
cale et beaucoup plus opposée à la nomenclature moderne ;
nous croyons que ce mot n'a pour les jurisconsultes romains
qu'un seul sens, tout contraire au sens actuel ; qu'il désigne
uniquement *une véritable condition cachée sous l'apparence d'un
terme.* Il s'agit d'un événement dont la réalisation même est
douteuse, comme un mariage, l'arrivée d'un enfant à sa puberté, etc. ; mais qui a été visé par le testateur au moyen de
la conjonction *cùm,* ordinairement caractéristique du terme, et
non par la conjonction *si,* ordinairement caractéristique de la
condition. Le testateur n'a pas dit *si nupserit, si puber factus
erit,* mais *cum nupserit, cum puber factus erit.* Ce terme appa-
rent est traité comme une condition, parce qu'au fond, malgré les mots employés, c'est une véritable condition. Sur ce
point, nous sommes complétement d'accord avec M. Louis Durand, dans la brochure que nous avons citée plus haut.

Nous n'ignorons pas combien il peut paraître téméraire, d'affirmer qu'un mot n'est pris par les jurisconsultes romains que
dans une seule signification ; c'est avancer qu'on ne trouvera
pas de texte où il ait un autre sens. Qui oserait se bercer de
l'espoir qu'aucune phrase n'a pu lui échapper, dans l'immense
compilation de Justinien et dans les ouvrages des jurisconsultes plus anciens qui nous sont parvenus ? Nous déclarons
humblement n'avoir pas cette prétention ; mais nous avons
consciencieusement vérifié tous les textes cités par les auteurs
les plus recommandables qui ont écrit sur la matière ; nous
nous sommes référé à tous les renvois qui les accompagnent
en note, dans les recueils. Nous avons consulté les plus savants
romanistes. Nous ne pouvons dire qu'une chose : c'est que si
notre énumération a été incomplète, nous ne demandons qu'à

____

(1) *Traité de droit romain,* § 125 ; trad. française, t. III, p. 211.

nous incliner devant une décision nettement contraire à la solution annoncée.

Pour les besoins de notre démonstration, nous sommes obligé de demander à nos lecteurs le crédit d'un peu de patience. Qu'ils se rassurent : ce sera un crédit à court terme, et nous n'en abuserons pas. Nous demandons la permission d'éliminer, pour le moment, du débat tous les textes qui visent spécialement, dans les legs, la modalité *cum heres morietur*, c'est-à-dire, une espèce toute particulière de terme incertain, au sens moderne. Nous n'exceptons pas, qu'on le remarque bien, la mort d'une personne quelconque, d'un tiers, du légataire, mais uniquement la mort de l'héritier. Nous nous réservons de démontrer plus tard, dans notre seconde partie, que, si cette modalité est traitée comme une condition et est qualifiée *dies incertus* en droit romain, ce n'est pas en vertu de sa qualité de terme incertain, mais pour des raisons spéciales et tenant au fond même de la disposition.

Il n'y a guère qu'un seul texte dont l'auteur ait montré quelque souci de donner au lecteur une idée un peu précise de ce qu'on appelait *dies incertus*, sinon par une définition, du moins par une énumération un peu riche : c'est un fragment de Paul, la L. 21, § 1, *Quando dies leg... cedat*, D., 36-2. Après avoir parlé du legs pur et simple et de celui fait avec *dies certa*, le jurisconsulte continue : « At si incerta [dies sit] (quasi *cùm puber erit, cùm in familiam nupserit, cùm Magistratum inierit, cum aliquid demum*, quod scribendo comprehendere sit commodum, *fecerit*) nisi tempus conditiove obtigit, neque res pertinere neque dies legati cedere potest. » Il est facile de se convaincre que tous les exemples cités constituent de véritables conditions et non pas des termes, même à échéance incertaine. Domat le fait remarquer dans un passage cité plus haut. Il n'est pas certain qu'un enfant arrive jamais à sa puberté, qu'un individu se marie, qu'un citoyen soit revêtu de telle magistrature, que tel fait soit accompli. C'est ce qu'explique tout au long la L. 22 au même titre, tirée de Pomponius : « Si Titio, *cum annorum quatuordecim factus esset*, legatum fuerit, et is ante quartum decimum annum decesserit ; verum est ad heredem ejus legatum non transire ; quoniam, non solum diem, sed et conditionem hoc legatum continet, *si effectus esset annorum quatuordecim* ; qui autem in rerum natura non esset, annorum quatuordecim non esse non intelligeretur. » Personne ne saurait donc douter que, dans la L. 21, le mot *incerta dies* ne désigne de véritables conditions.

La même assimilation du *dies incertus* et de la condition est faite par la loi 38, § 16 , *De Verb. oblig.*, D., 45-1 ; qui reproduit l'un des exemples donnés ci-dessus de *dies incerta : si aliquid factum erit* ou *cum aliquid factum erit*. Il est même à remarquer que la forme conditionnelle *si* se présente, sous la plume du jurisconsulte, avant la forme, ordinairement caractéristique du terme, *cum*.

Il peut sembler bizarre, surtout à nos esprits logiques , que les Romains aient appliqué le mot *dies* à ces modalités, qui sont de véritables conditions , au lieu de se servir du mot *conditio* en le modifiant par une épithète quelconque. L'explication de cette anomalie doit être cherchée , nous le pensons, dans le respect des Romains pour les formules qui revêtaient les manifestations de volonté. On sait quelle importance capitale ont eue les formules dans tout le droit romain primitif; quelle influence considérable elles conservèrent longtemps sur la validité même des stipulations et des legs, et enfin , avec quel soin minutieux on devait, même à l'époque classique, peser tous les mots d'une disposition testamentaire , pour en déterminer les effets et la portée, en la classant dans telle ou telle catégorie de legs. Or , en matière de modalités, il y avait une conjonction considérée naturellement comme caractéristique de la condition : c'était la conjonction *si*, exprimant bien le doute absolu sur la réalisation future de l'événement. Au contraire , la conjonction *cùm* était caractéristique du terme, puisqu'elle suppose que l'on ne doute pas de l'arrivée du fait dont elle précède l'énoncé. Les jurisconsultes romains , avaient donc pris l'habitude de classer les modalités suivant les expressions employées , d'appeler *condition* toute modalité commençant par le mot *si* , et *terme* toute modalité exprimée par la conjonction *cùm*. Lorsque le disposant ou le stipulant avait employé ce dernier mot, pour viser un événement dont la réalisation n'était pas certaine, on persistait à se servir du mot *dies*, qui semblait imposé par la formule de la disposition ; mais on indiquait le doute sur la réalisation en ajoutant le mot *incertus* ou *incerta*. Cette épithète exprimait donc l'incertitude absolue sur la réalisation même du fait, et non pas seulement l'incertitude sur l'époque de son arrivée.

La puissance des expressions est si grande sur l'esprit des

jurisconsultes romains, que nous voyons un texte désigner, en sens inverse, un véritable terme sous le nom de condition : c'est la L. 18, *pr.*, *De condictione indebiti*, D., 12-6, Ulpien y parle d'une *conditio quæ omnimodo extatura est.* Evidemment ce n'est plus une condition, puisque l'événement que l'on a en vue doit se réaliser certainement. Et d'ailleurs, l'auteur traite bien cette modalité comme un terme, quant aux effets du paiement indu. Ulpien, ne nous donne pas d'exemple de cette prétendue condition ; mais, d'après les textes cités plus haut et ceux qui vont être dans la suite et qui appartiennent au même Ulpien, il est facile de conjecturer qu'il veut viser l'hypothèse inverse de celle dont nous venons de traiter ; qu'il faut supposer un événement certain annoncé par la conjonction *si :* p. ex. : *si Titius morietur, si messis matura fuerit*, etc.

Les scrupules qui avaient fait hésiter les Romains à traiter comme des conditions des clauses commençant par le mot *cùm*, ou, réciproquement, à traiter comme termes des clauses commençant par *si*, ont laissé leurs traces dans trois textes du Digeste, dont le second surtout reflète fidèlement les doutes qu'on avait éprouvés. Ulpien, dans la L. 45, § 3, *De verb. obl.*, D., 45-1, juge utile de nous avertir ainsi : « Non solum ita stipulari possumus *cum morieris*, sed etiam *si morieris.* Nam sicut nihil interest *cum veneris* aut *si veneris :* ita nec ibi interest *si morieris,* et *cum morieris.* » La clause *cùm* ou *si morieris* est un terme, quel que soit la conjonction employée ; au contraire, la clause *si* ou *cùm veneris* est une condition quel que soit celui des deux mots qui commence la phrase. C'est le même jurisconsulte Ulpien qui nous dit encore, dans la L. 38, § 16, au même titre : « Et qui promisit *si aliquid factum sit,* vel *cum aliquid factum sit,* nisi cum id factum fuerit dederit, non videbitur fecisse quod promisit. » — Nous avons transcrit plus haut (p. 6), le commencement de la L. 22, *Quando dies*, D., 36-2, qui nous fait voir une condition dans la clause *cùm is annorum quatuordecim factus esset;* voici la suite de la loi : « Nec interest utrum scribatur, *si annorum quatuordecim factus erit*, an ita (c'est-à-dire suivant la précédente formule) : cum priore scriptura per conditionem tempus demonstretur, sequenti per tempus conditio : utrobique tamen eadem conditio est. » « Et peu importe que l'on écrive : *s'il atteint quatorze ans*, ou : *lorsqu'il atteindra quatorze ans ;* car la première formule indique l'époque sous forme de condition, et la seconde la condition sous la forme d'un terme ; des deux façons, c'est la même condition. »

Mais, nous dira-t-on, il n'est pas contesté que le mot *dies incertus* ne puisse avoir le sens de condition ; nos anciens auteurs le reconnaissent : Savigny le constate, et M. Bufnoir, dans son savant ouvrage sur la *Théorie de la condition*, le déclare très explicitement : « Avant de finir avec le *dies incertus*, je dois faire remarquer que, sous cette qualification, les jurisconsultes romains comprennent parfois de véritables conditions. » Ce qu'il s'agit de prouver, ce que nous avons affirmé au début de cette étude, c'est que le mot *dies incertus* ne désignait *jamais que* la condition déguisée par la conjonction *cùm*.

En faveur de cette thèse, nous ferons d'abord remarquer combien il serait bizarre que ce mot, aux apparences techniques, spécial aux matières juridiques, eût deux sens aussi différents l'un de l'autre. Ce serait là la preuve d'une langue bien mal faite ; c'eût été la source de confusions infinies, puisque le même mot aurait désigné deux ordres d'idées que l'on devait avoir à chaque instant à comparer et à opposer mutuellement.

Admettons cependant que les jurisconsultes romains aient pu ne pas reculer devant cet inconvénient, ou que les habitudes du langage courant aient pu le leur imposer. Nous retrouvons toujours l'argument que nous avons déjà énoncé et qui, malgré sa forme négative, sera cependant irréfutable tant que l'on n'aura pas produit contre lui un texte formel. En dehors de la clause *cùm heres morietur* dans les legs, clause que nous avons réservée, il n'existe pas, à notre connaissance, un seul passage qui applique le mot *dies incertus* au terme incertain. Nous croyons pouvoir affirmer qu'en dehors du cas réservé, les seuls passages qui donnent des exemples de *dies incertus* sont ceux qui ont été transcrits plus haut, et l'on a vu que tous se réfèrent sans exception à de véritables conditions. Nous pourrions donc rester dans notre position défensive et attendre la démonstration de ceux qui admettent l'opinion contraire.

Nous voulons aller plus loin. Il nous semble que l'on peut trouver dans les textes, sinon la preuve absolue, au moins une présomption très forte que le mot *dies incertus* ne visait jamais que de véritables conditions déguisées par la conjonction *cùm*. Nous commençons par la L. 38, § 16, *De verb. oblig.*, D., 45-1. Le jurisconsulte Ulpien s'y donne pour tâche et pour objectif essentiel de distinguer le *dies certus* et le *dies incertus*, au moins dans leurs effets : «Inter incertam certamque diem dis crimen esse ex eo quoque apparet quod...» dit-il au début. On doit donc s'attendre à un exposé complet de ce qui est le *dies incertus* par opposition au *dies certus*. Eh bien, le seul exemple de *dies incertus* qui vienne sous la plume du jurisconsulte, c'est encore une condition commençant par *cùm*. Voici la suite du fragment : « ... Certa die promissum vel statim dari potest ; totum enim medium tempus ad solvendum liberum promissori relinquitur. Et qui promisit *si aliquid factum sit*, vel *cum aliquid factum sit*, nisi, cum aliquid factum fuerit, dederit : non videbitur fecisse quod promisit. » Si le mot *dies incertus* avait deux sens, ne devrait-on pas s'étonner que le jurisconsulte ne mentionnât pas celui qui vise un véritable terme dont l'époque seulement est indécise? Est-il admissible qu'il vise uniquement le sens qui s'éloigne le plus de celui du mot *dies certus*, et qu'il ne vise pas, ne fût-ce que pour éviter une confusion, le sens intermédiaire? Ou si l'on dit que sa première idée a été d'opposer, quant à la validité du paiement anticipé, le terme et la condition, pourquoi le mot *dies incerta* tombe-t-il tout naturellement sous sa plume et non pas le mot *conditio?*

Nous rapprochons immédiatement de ce texte le fragment suivant du jurisconsulte Celsus, qui reproduit presque textuellement l'une des phrases de la loi précédente : « Quod certa die promissum est vel statim dari potest : totum enim medium tempus ad solvendum promissori liberum relinqui intelligitur. » Ici encore, la règle est restreinte au *dies certus*. Comprendrait-on qu'une règle aussi courante, puisqu'elle est reproduite presque dans les mêmes termes par les deux jurisconsultes, fût rédigée assez négligemment pour faire croire qu'elle ne s'applique pas au terme incertain tel que nous l'entendons? Si cette dernière modalité pouvait jamais, pour les Romains, rentrer dans l'expression *dies incerta*, ce serait induire volontairement le lecteur dans l'erreur que de limiter cette règle au *dies certus*. Ici encore, nous concluons que l'on n'avait pas même l'idée d'opposer au mot *dies certa* autre chose qu'une véritable condition. Notre terme incertain du droit français était compris dans le mot *dies certa* parce que la réalisation de l'événement est certaine, quoique son époque soit inconnue.

La L. 21, *Quando dies legatorum*, D., 36-2, déjà citée, nous fournit un argument du même genre que les textes précédents. Paul y passe en revue les diverses modalités qui peuvent affecter le legs, au point de vue de leur influence sur l'époque où se produit le *dies cedens*. Il commence par le legs pur et simple; il vient ensuite au legs affecté d'un *dies certus;* puis il passe au *dies incertus*; et c'est là qu'apparaissent de véritables conditions, que nous avons signalées plus haut. Aucune réserve n'est faite sur un autre sens possible du mot *dies incertus*; aucune place n'est laissée au terme incertain dans le sens moderne. N'est-ce pas encore une bien grave présomption que dans le mot *dies incertus* on ne comprenait jamais cette modalité? Voici le texte tout entier : « Si dies adposita legato non est, præsens debetur, aut confestim ad eum pertinet, cui datum est (legs pur et simple). Adjecta, quamvis longa sit, si certa est, veluti calendis januariis centesimis, dies quidem legati statim cedit : sed ante diem peti non potest (terme certain). At si *incerta* (quasi *cum puber erit*, etc.); nisi tempus conditiove obtigit, neque res pertinere, neque dies legati cedere potest. » Cette dernière modalité, c'est la condition, déguisée par la conjonction *cùm*. Mais du terme incertain au sens moderne, il n'y a pas trace. Ce qu'il y a de remarquable, c'est que, dans ce fragment, le *dies incertus* occupe seul la place de la condition. N'est-ce pas l'indication d'une synonymie absolue entre les deux expressions ? En effet, le texte continue au § 1er de la même loi, en s'occupant d'une disposition faite sous deux conditions inverses l'une de l'autre. Ce qui montre à la fois que l'auteur reste dans le même ordre d'idées, suit toujours l'énumération qu'il a commencée, et qu'il pense avoir tout dit sur la condition simple quand il a traité du *dies incertus.*

Nous ajouterons ici un texte auquel nous n'attacherions pas une importance capitale s'il ne prenait une portée significative par son rapprochement avec les textes précédents, et s'il ne leur fournissait réciproquement un appui. C'est la L. 30, *De legatis* 1°, D., 30, du jurisconsulte Ulpien. L'auteur y discute la clause d'un testament qui portait : « Quas pecunias legavi, quibus dies appositus non est, eas heres meus annuâ, bimâ, trimâ die dato. » Il s'agit de savoir quelles sont les dispositions qui échappent à cette prestation par trois fractions annuelles, parce qu'un autre terme y a été apposé (§ 1). Le jurisconsulte passe en revue différentes modalités pour se demander si elles impliquent un terme ; il n'y est pas question du *dies incertus* au sens moderne. Puis, arrivant à la condition , il dit, § 4 : « Sed et si sub conditione sit legatum relictum , potest dici cessare annuam adjectionem ; *quia dies incertus appellatur conditio.* » Si l'un des legs du testament en question avait été fait sous condition , le jurisconsulte tend à admettre qu'il n'était pas soumis à la règle de l'exécution par trois prestations annuelles. En effet, la clause générale du testament dispensait de cette règle les dispositions affectées d'un autre terme par le testateur lui-même ; or, dit Ulpien , « la condition est appelée terme incertain (1). » Cette manière de s'exprimer mérite une attention particulière. Si le jurisconsulte avait dit : « la condition contient en elle-même un terme, et, de plus, une incertitude sur sa réalisation, » par exemple : « Dies incertus inest conditioni, » son raisonnement eût été parfaitement complet, il n'eût rien perdu de sa force , il eût même été plus net. Pourquoi dit-il que la condition est appelée terme incertain ? N'est-ce pas parce que les mots *dies incertus* étaient universellement regardés comme synonymes de *condition ?* Alors , mais alors seulement, le mot *appellatur* a un sens utile ; les usages du langage viennent confirmer l'argument de fond, et révèlent la présence d'un terme caché dans la condition. L'argument n'aurait plus eu de portée , si le mot *dies incertus* avait pu avoir une autre signification.

Nous terminerons en signalant une série de textes qui se suivent dans le Digeste, les LL. 16, *pr.*, et § 1 ; 17 et 18, *De condict. indeb.*, D. , 12-6. Dans ces textes, les compilateurs de Justinien séparent, en les rapprochant, le *dies incertus*, qui est nommé sans exemples à l'appui (L. 16 , § 1), et le terme *cùm moriar* (L. 17), qui est bien le terme incertain au sens moderne, et auquel on ne donne aucun nom spécial. Or, dans ces deux lois (si l'on ne s'arroge pas le droit de corriger les textes comme certains interprètes l'ont fait), le *dies incertus* est traité de tous points comme une condition , et le terme *cùm moriar* est assimilé à tout autre terme. Nous reviendrons bientôt sur

---

(1) Tous les commentateurs sont d'accord pour traduire ainsi la dernière phrase du § 4, et non : pas « le terme incertain est appelé condition ; » ce qui n'aurait aucun sens utile dans l'ensemble du raisonnement.

les règles de fond contenues dans ces passages. Pour le moment, n'est-il pas évident que si le mot *dies incertus* avait pu désigner notre terme incertain au sens moderne, les rédacteurs du Digeste ne lui auraient pas opposé purement et simplement la modalité *cùm moriar?*

II

QUEL SENS FAUT-IL DONNER A LA RÈGLE *dies incertus in testamento conditionem facit.*

Si la théorie ci-dessus exposée est exacte, il n'y a aucune difficulté à comprendre la règle que nous étudions. Le *dies incertus* est, dans les testaments, assimilé à la condition; il produit les mêmes effets qu'elle; c'est que, sous une forme très légèrement différente, il est au fond une véritable condition.

La seule chose qui pourrait étonner et qui pourrait fournir une objection contre notre doctrine, c'est que la règle paraît être restreinte aux testaments. En disant *dies incertus in testamento conditionem facit*, le jurisconsulte ne semble-t-il pas opposer les testaments aux autres actes juridiques et donner à entendre que la règle ne s'applique pas à ces derniers?

Cette induction, que l'on tire universellement de ce texte, est-elle bien exacte? S'impose-t-elle avec le cachet de la certitude? Elle a d'abord contre elle une grave présomption : c'est qu'on n'a jamais pu donner de la règle ainsi entendue une explication satisfaisante au point de vue rationnel. Il est impossible de présenter un motif plausible de la différence que l'on aurait faite entre le *dies certus* et le *dies incertus*. Nous ne saurions mieux faire, pour établir cette proposition, que de reproduire la savante note insérée par M. Accarias dans son excellent *Précis de droit romain* (p. 808, note 1) : Pourquoi donc, dit-il, le terme incertain est-il traité ici tout autrement que le terme certain? *C'est une question que je ne me charge de résoudre ni à l'aide des textes, ni par le raisonnement.* Voici, toutefois, les deux principales explications qui ont cours parmi les interprètes : 1° on part de cette idée très juste, que toute institution d'héritier est faite *intuitu personæ*, et l'on dit que, l'institué *ex die incerto* pouvant mourir avant l'arrivée du terme, sa vocation se trouve, par la force des choses, subordonnée à cette condition : *s'il vit encore au jour où le terme arrivera.* Mais il est facile de voir que cette explication passe à côté de la difficulté et ne la résout pas ; car, que j'institue un héritier *post quinquennnium quam moriar*, est-il bien sûr que cet institué vivra encore cinq ans après ma mort, et par conséquent ne pourrait-on pas dire que sa vocation est subordonnée à cette condition : *s'il me survit pendant cinq ans?* Cependant, ici l'on efface le terme et l'on répute l'institution pure et simple. 2° L'observation du *dies certus* aurait, dit-on, un résultat contraire à la loi : ce serait d'autoriser pour le moment les héritiers légitimes à faire adition, et plus tard, le terme arrivant, de les dessaisir. Le *dies incertus*, au contraire, par cela même qu'on ignore le moment de son échéance et qu'il peut arriver à chaque instant, suffit pour faire planer une incertitude permanente sur la vocation des héritiers légitimes et pour les empêcher de faire adition. On peut donc l'observer sans méconnaître la règle *semel heres, semper heres esto*, et sans risquer de faire succéder un héritier testamentaire à un héritier légitime. Cette seconde observation est réfutée d'avance par les observations déjà présentées (pag. 807, note 1, du *Précis*) (1). En résumé donc, j'avoue ne pas saisir le motif de la doctrine romaine sur le *dies incertus*. — M. Accarias, retrouvant plus tard notre règle dans la matière des legs, fait observer qu'à leur égard la première seulement des deux explications précédentes pourrait être présentée et qu'elle n'est pas plus admissible dans une matière que dans l'autre (V. p. 972, note 1). — M. Machelard, dans la brochure que nous avons eu plus d'une fois l'occasion de citer, a présenté une autre explication (p. 7 et 8) : d'après lui, le légataire ou l'héritier, en présence d'un terme certain, pouvait jouir par anticipation de la libéralité qui devait lui être acquise à échéance fixe ; il pouvait, au besoin, l'escompter, et par là se trouvait satisfait l'*intuitus personæ* qui inspire les dispositions testamentaires ; la libéralité profitait bien au gratifié lui-même. Au contraire, dans le *dies incertus*, l'époque de l'échéance étant inconnue, pour que l'escompte pût s'en faire, il aurait fallu se lancer dans un calcul des probabilités qui était au-dessus des ressources scientifiques des Romains. Il était donc impossible que le gratifié profitât personnellement de la libéralité qui lui était adressée. Voilà pourquoi on considérait le sort de ces dispositions comme nécessairement subordonné à la survie du gratifié (2). Il est fort douteux que cette explication savante et compliquée ait été la raison déterminante pour les jurisconsultes romains. S'il est vrai, en effet, que le calcul des probabilités n'était pas à leur portée, il ne semble pas que l'escompte fût tellement entré dans les mœurs, en dehors des opérations des *argentarii*, que

---

(1) Ces observations disent en substance que, dans toute circonstance, l'espoir seul d'un héritier testamentaire forme un obstacle absolu à la délation de l'hérédité *ab intestat.*

(2) Comp. Savigny, *Traité*, t. III, p. 214 et 215.

l'on pût considérer un legs à terme, peut-être fort éloigné (*calendis januariis centesimis*, nous dit un texte), comme ayant une valeur actuelle, précise et profitable au légataire. D'ailleurs, M. Machelard ne paraît pas avoir lui-même une grande confiance dans son explication, car, à la page 7, note 1, *in fine*, et à la page 12, *in fine*, il avoue que la conditionalité, du reste, n'avait été introduite dans tout legs à terme incertain qu'à l'aide d'un mauvais raisonnement ou par un motif dont la justesse est critiquable.

Si la règle, dans le sens où on l'entend généralement, est dénuée de toute explication rationnelle, le texte de la loi 75, *De cond. et dem.*, nous oblige-t-il à lui donner ce sens ? Cette loi consiste en une seule ligne, absolument isolée dans le *Digeste*, séparée du reste de l'ouvrage de Papinien, qui aurait pu l'expliquer et en montrer la portée. Dès lors, il n'est pas démontré que le jurisconsulte ne se bornât pas à faire aux testaments l'application d'une règle plus générale, d'une règle commune à toutes les manifestations de volonté.

Cette explication est corroborée par un texte célèbre qui règle les effets du *dies incertus* relativement à la *condictio indebiti* et qui assimile complètement le *dies incertus* et la condition. On sait que le terme n'empêche pas la créance d'exister, qu'elle peut être valablement payée avant l'échéance et que ce qui a été payé dans ces circonstances ne peut pas être répété ; c'est la solution que donne la L. 10, *De condict. indeb.* : In diem debitor adeo debitor est, ut ante diem solutum repetere non possit. Pour la condition, il en est différemment : l'obligation n'a pas encore d'existence et ne peut être payée valablement ; c'est par cette autre règle que débute la L. 16, *eod. tit.*, dont nous avons à nous occuper : Sub conditione debitum, per errorem solutum, pendente quidem conditione repetitur, conditione autem existente repeti non potest. Puis le jurisconsulte Pomponius continue : Quod autem sub incerto die debetur, die existente non repetitur. Il est évident que ce texte traite absolument le *dies incertus* comme une condition ; si la répétition de ce qui a été payé est impossible, c'est uniquement lorsque l'événement est arrivé ; ce qui indique bien clairement, par *à contrario* et par une comparaison qui s'impose avec le paragraphe précédent, qu'avant cet événement la répétition serait possible. Pourquoi ? si ce n'est parce que ce *dies incertus* est une véritable condition ; parce que sa réalisation même est incertaine.

Continuons à lire le Digeste. Nous arrivons à la L. 17, qui est d'Ulpien. Et qu'y trouvons-nous? Le véritable terme incertain au sens moderne, traité au fond comme un terme : Nam si *cum moriar* dare promisero et antea solvam : repetere me non posse Celsus ait. Quæ sententia vera est. Il est bien à noter que ni Ulpien, ni Celse avant lui, ni les rédacteurs du Digeste qui ont rapproché ce texte du précédent, n'appellent *dies incertus* la modalité *cum moriar*. N'est-ce pas un nouvel argument à l'appui de la doctrine, développée plus haut, que le mot *dies incertus* ne désignait jamais un véritable terme dont l'époque seulement fût incertaine? On pourrait cependant être frappé des mots « *nam si* » qui commencent la L. 17, et qui semblent établir un lien entre cette phrase et la précédente. Mais on sait que ces mots sont souvent employés par les jurisconsultes romains pour indiquer uue opposition et non un rapprochement entre deux hypothèses (1). D'ailleurs, les solutions juridiques, qui sont diamétralement opposées, prouvent bien évidemment qu'il ne peut être question du même cas dans les deux textes.

Enfin, dans le Digeste, la L. 18, empruntée encore à Ulpien, continue la série des modalités qu'il convient de passer en revue ; elle parle (comme nous l'avons noté plus haut) d'une condition « *quæ omnimodo extatura est* » et qui est un véritable terme. Ainsi, les rédacteurs des Pandectes traitent d'abord de la condition, puis du *dies incertus*, qui est une condition déguisée sous la formule d'un terme ; puis du terme incertain au sens moderne ; et enfin du terme déguisé sous la formule d'une condition. Cette marche progressive de la pensée ne confirme-t-elle pas notre double proposition : d'une part que le *dies incertus* n'est pas notre terme incertain, et, d'autre part, qu'il suit toujours les règles de la condition parce qu'au fond il est une véritable condition ?

Nous n'ignorons pas que certains interprètes, Cujas notamment (*Observ.*, XIII, 20) et Pothier, *Pandectæ*, L. 12, tit. 6, n° XIII, ont voulu corriger la L. 16, § 1, en ajoutant une négation et en lisant *die non existente*, ou bien *die pendente*. Mais ils ont contre eux tous les manuscrits des Pandectes. Aussi cette cor-

____

(1) *Sic* Savigny sur ce texte, *Traité de droit romain*, t. III, p. 219, note *h* de la traduction française.

rection est rejetée par les meilleurs auteurs modernes (1), qui préfèrent reconnaître que le mot *dies incertus* est pris dans ce texte au sens d'une véritable condition. Mais là où ils voient un sens spécial, pour ainsi dire exceptionnel, du mot *dies incertus*, nous ne pouvous nous empêcher de voir le sens universel et unique de cette expression.

Revenons au *dies incertus* dans les testaments, et cherchons les applications de la règle qui fait l'objet de cette étude. Le Digeste nous les fournit très nombreuses dans la matière des legs ; elles sont au moins beaucoup plus rares, relativement aux institutions d'héritier ; on peut même douter que celles-ci soient aucunement visées par les textes au point de vue qui nous préoccupe. Nous commencerons donc par les applications faites aux legs.

Nous nous bornerons, pour commencer, à rappeler les textes qui font l'application de la règle à des conditions déguisées sous la forme de termes. Ces fragments, si nombreux, sont cités dans la première partie de cette étude ; nous prions le lecteur de s'y référer. Nous venons tout de suite à l'application la plus délicate, celle qui paraît très favorable à la théorie que nous avons combattue dans tout le cours de ce travail. Nous en avons réservé l'explication jusqu'à ce moment.

Plusieurs textes nous apprennent que l'on traite comme conditionnel le legs fait *cùm heres morietur*, et que, dans ce cas, le *dies cedens* n'a lieu qu'à la mort de l'héritier. La L. 4, *Quando dies legat... cedat*, D., 36, 2, appelle simplement ce legs conditionnel : Si cum heres morietur legetur : conditionale legatum est. Denique vivo herede defunctus legatarius ad heredem non transfert. — La L. 12, § 1, *De leg.*, 2°, D., 31, qualifie cette modalité de *dies incertus* et elle la traite au fond comme une condition, en ne faisant courir le *dies cedens* que de la mort de l'héritier : Quod ita legatum est : *Heres cum morietur, Lucio Titio dato decem*, cum incerta die legatum est, ad heredes legatarii non pertinet, si vivo herede decesserit. Ce texte sous-entend la règle que le *dies incertus* équivaut à une condition. — Plus explicite est la L. 1, § 2, *De cond. et demonstr.*, D. 35, 1, qui cherche à rendre compte du motif pour lequel ce terme équivaut à une

(1) Savigny, *Traité du droit romain, loc. cit.*; Bufnoir, *De la condition*, p. 16; Machelard, *op. cit.*

condition ; malheureusement l'explication n'est pas très claire :
*Dies autem incertus est, cum ita scribitur : Heres meus cùm morietur, decem dato :
nam diem incertum mors habet ejus. Et ideo si legatarius ante decesserit, ad heredem ejus non transit : quia non cessit dies vivo eo, quamvis certum fuerit moriturum heredem.*

. Ce texte paraît éminemment favorable à l'opinion commune,
à celle que nous nous sommes donné la mission de combattre.
Le commencement de l'alinéa semble annoncer d'abord, sinon
une définition, au moins un exemple typique de *dies incertus* :
« dies incertus est cum ita scribitur ; » ce qu'on pourrait traduire : « le terme incertain, c'est quand on dispose ainsi. » Or
l'exemple qui vient ensuite est précisément le type du terme
incertain au sens moderne, la mort d'un individu ; ici celle de
l'héritier. Le jurisconsulte prend la peine, immédiatement après,
de faire remarquer que la mort de l'héritier arrivera à une époque
incertaine : « Nam diem incertum mors habet ejus. » Dans cette
phrase, dira-t-on, les mots *diem incertum* ne peuvent viser
qu'un délai d'une échéance indéterminée ; ils ne peuvent viser
une condition. Ce texte viendrait donc combattre et contredire
tous ceux où l'on a montré plus haut les mots *dies incertus*,
visant une condition déguisée sous la forme d'un terme. Et
dans la fin du paragraphe, Pomponius a soin d'écarter précisément l'objection tirée de ce que la mort de l'héritier arrivera certainement. N'est-ce pas pour bien faire ressortir qu'elle constitue
un véritable terme, et que c'est en vertu d'une règle toute spéciale qu'elle est traitée comme une condition ? Il y aurait donc là
une application tout à fait remarquable de la fameuse règle :
dies incertus in testamento conditionem facit. Et, dans ce cas, la
règle aboutirait bien à transformer en condition un véritable
terme, dont l'époque seulement est incertaine.

Ces objections sont sérieuses assurément, et cette L. 1, § 2,
nous paraît en effet fournir l'argument le plus fort à l'opinion
que nous combattons. Pourtant elles ne sont pas sans réplique.
On remarquera d'abord qu'elles ne reposent que sur le contexte,
sur la marche probable de la pensée du jurisconsultes, et non
pas sur une expression formelle de cette pensée. D'un autre
côté, est-il vraiment impossible d'interpréter autrement le raisonnement contenu dans ce passage ? « *Nam diem incertum
mors habet ejus* ; » ces mots ne peuvent-ils pas se traduire ainsi :
« car sa mort forme une condition ? » Si tous les autres textes,

comme nous croyons l'avoir démontré, prennent le mot *dies incertus* pour désigner une condition, ce seul passage doit-il être entendu comme les démentant tous? Ne doit-il pas plutôt être interprété par les autres? Cette traduction d'ailleurs lie beaucoup mieux cette phrase à la suivante. Celle-ci commence par *et ideo.* « *C'est pourquoi,* » dit le jurisconsulte, « si le légataire meurt le premier, le legs ne passe pas à son héritier. » Oui : c'est *parce que* la disposition est conditionnelle, que le légataire n'en transmet pas le bénéfice. Ce n'est pas directement *parce que* l'époque de l'arrivée du terme fixé est incertaine. Après cette explication, la dernière phrase du paragraphe n'offre pas plus de difficultés que dans l'autre interprétation. L'effet d'une condition se produit, quoique la mort de l'héritier doive nécessairement se réaliser; c'est une singularité à signaler, et que note le jurisconsulte. Il resterait à se demander pourquoi cette solution a été admise. C'est ce que Pomponius ne se donne pas la mission de rechercher ici.

Un autre texte, le dernier que nous ayons à citer sur cette hypothèse, est un peu plus développé; il avance un peu dans la voie des explications rationnelles sans cependant nous en donner le dernier mot. *Heres meus, cum ipse morietur, centum Titio dato : legatum sub conditione relictum est : quamvis enim heredem moriturum certum sit, tamen incertum est, an legatario vivo dies legati non cedat, et non est certum ad eum legatum perventurum.* Quant au fond, ce fragment nous dit que le legs est conditionnel, parce que, s'il est sûr que l'héritier mourra, il n'est pas sûr que le *dies cedens* ait lieu du vivant du légataire. C'est évidemment que le *dies cedens* n'a lieu qu'à la mort de l'héritier. Mais pourquoi le *dies cedens* est-il ainsi retardé? Le jurisconsulte ne nous l'apprend pas encore. On considère (comme d'autres textes, cités plus haut, nous l'ont expliqué) que ce legs est fait sous la condition tacite que le légataire survivra à l'héritier. Nous aurons à rechercher incessamment pourquoi l'on interprétait ainsi la disposition.

Une induction cependant peut encore être tirée de la suite du texte. Papinien nous dit, de prime abord, que le legs est conditionnel, « legatum sub conditione est, » sans parler de *dies incertus,* sans faire allusion à la règle qu'il a cependant formulée lui-même dans la L. 75, *h. tit.* Cela pourrait bien nous révéler que le caractère conditionel de la disposition, n'est pas la conséquence directe de la formule employée par le testateur, mais d'une interprétation plus éloignée de son intention. Les mots *cum heres morietur* ne renferment pas en eux-mêmes une condition sous l'apparence d'un terme, puisque l'événement auquel on fait allusion arrivera certainement, ainsi que le fait observer le jurisconsulte, ici comme dans la L. 1, § 2. Ce n'est donc pas un *dies incertus* au sens dans lequel ce mot est pris, suivant nous, par la L. 75 ; voilà pourquoi Papinien ne rappelle pas ici son principe. C'est directement une condition, parce que, pour des raisons intrinsèques, on a jugé à propos de subordonner ce genre de legs à la survie du légataire. Cette idée est exprimée laconiquement par la phrase suivante : « Tamen incertum est an legatario vivo dies legati non cedat. »

Pour nous éclairer sur ces raisons intrinsèques qui font traiter comme une condition la modalité *cum heres morietur*, il importe de nous demander tout d'abord si l'on trouve d'autres applications de cette prétendue règle, qu'un terme incertain proprement dit est assimilé à une condition. Si la règle est vraie, elle doit s'appliquer à tous les termes incertains ; et puisque l'exemple le plus frappant de ce genre de termes c'est la mort d'une personne, elle doit s'appliquer à la mort d'un individu quelconque.

En est-il ainsi ? A côté de la mort de l'héritier se place tout naturellement la mort du légataire. Le legs fait *cum legatarius morietur* est-il traité comme conditionnel ? Les textes sont formels pour établir la négative et personne n'a jamais mis en doute cette solution. Les Romains eux-mêmes rapprochent cette règle de la précédente pour opposer l'une à l'autre. Ainsi le *principium* de la L. 4, *Quando dies leg.*, D., 36, 2, qui parle de la mort de l'héritier, est suivi immédiatement de l'alinéa suivant : § 1 : Si vero, *cum ipse legatarius morietur*, legetur ei, certum est legatum ad heredem transmitti. Et la L. 79, *De cond. et dem.*, D., 35, 1, dont nous nous réservons de citer et d'interpréter plus tard le § 1er, relatif à la mort de l'héritier, commence, dans son *principium*, en disant : Heres meus, *cum morietur Titius*, centum ei dato : purum legatum est quia non conditione, sed mora suspenditur : non potest enim conditio non existere. Nous remarquons, en passant, que Papinien présente ici la certitude de l'arrivée de l'événement comme étant la raison décisive qui fait traiter cette modalité comme un terme quand même l'époque est incertaine. Cette observation répond à la fin de la L. 1, § 2, du même titre, où Pomponius, comme nous l'avons vu, écarte, dans le cas particulier de la mort de l'héritier, l'objection tirée de cette même certitude de l'arrivée du fait.

Voilà donc au moins un terme incertain (1) qui n'est pas assimilé à une condition, qui n'empêche pas le *dies cedens* de se produire immédiatement. La règle *dies incertus in testamento conditionem facit* n'est donc pas absolue. — On n'est pas généralement bien embarrassé par cette objection. C'est là, dit-on, une exception à la règle générale, et l'on formule à la fois l'exception et son motif en disant : le terme incertain ne se transforme pas en condition toutes les fois qu'il doit forcément se réaliser du vivant du gratifié (2). Or, la mort du légataire étant le dernier instant de sa vie, ce terme se réalise à un moment où il peut encore recueillir personnellement. Par là se trouve satisfait l'*intuitus personæ* qui préside aux dispositions testamentaires. — Le motif est, on l'avouera, au moins fort subtil. Nous le croyons, de plus, faux dans les faits et insuffisant en raison. Si l'on veut peser, comme on le fait, les expressions du disposant avec la dernière exactitude, il faudrait dire, suivant nous, que le terme *cum morietur* se réalise seulement au moment où la mort s'accomplit et qu'à cet instant précis la vie a cessé ; la mort n'est pas le dernier instant de la vie, mais l'instant qui suit immédiatement le dernier. Donc, le légataire n'est plus là pour recueillir lui-même le bénéfice de la disposition au moment où elle se fixe sur sa tête. Laissons de côté ces subtilités et plaçons-nous au point de vue pratique. Dans toutes les explications données à propos du *dies incertus*, on se préoccupe de savoir si le gratifié pourra profiter lui-même de la disposition ; c'est avec raison, puisque la disposition est faite essentiellement *intuitu personæ*. Eh bien ! dans le legs fait à la mort du légataire, il est absolument certain qu'il n'en recueillera jamais lui-même les avantages directs ; il sera tou-

---

(1) Il est à remarquer que les textes n'appliquent jamais le mot *dies incertus* à la mort du légataire. Ce qui vient encore confirmer la théorie développée dans la première partie de ce travail.

(2) Savigny, *Traité*, § 126, B (p. 216-217 de la traduction française) ; Bufnoir, *De la condition*, p. 10 ; Machelard, *op. cit.*, p. 13.

jours et nécessairement mort depuis quelque temps au moment
où la délivrance pourra en être faite (1). Au contraire, dans le
legs fait *cum heres morietur*, il y a de nombreuses chances pour
que le légataire, survivant à l'héritier, reçoive personnellement
l'objet légué et en jouisse de longues années avant de le trans-
mettre à ses héritiers ; il pourra même, s'il a survécu, en con-
sommer dans sa personne toute la jouissance en réalisant un
acte d'*abusus*, qui pourra ne rien laisser à ses héritiers. Et
c'est en présence des deux situations ainsi définies, que l'on
trouverait logique, de la part des jurisconsultes romains, de
donner un caractère plus fixe, plus irrévocable au legs qui
prend pour terme la mort du légataire qu'au legs suspendu
seulement jusqu'à la mort de l'héritier ! On dirait donc que
l'*intuitus personæ* est plus sûrement satisfait dans le premier
que dans le second (2) !

S'il est impossible de justifier, au point de vue rationnel, la
différence que l'on prétend exister entre les deux espèces de
legs, pourquoi verrait-on la règle dans le caractère assigné à la
modalité qui vise la mort de l'héritier plutôt que dans la décision donnée pour la mort du légataire ? Qui nous dit que l'exception ne se rencontre pas, au contraire, dans la solution
appliquée à la mort de l'héritier ? Si les esprits n'étaient pas pré-
venus par les habitudes du langage moderne et par l'autorité
absolue trop facilement accordée à la L. 75, *De cond. et dem.*,
le raisonnement ne paraîtrait pas aussi simple et aussi convain-
cant qu'on le croit d'ordinaire. Il y a deux modalités qui se
présentent naturellement et assez fréquemment dans les legs :
l'une prend comme terme la mort de l'héritier, l'autre prend
la mort du légataire. Ces modalités sont traitées de deux ma-
nières diamétralement opposées. Quelle raison a-t-on, *à priori*,
pour déclarer que la solution donnée pour la mort de l'héritier,
quoique contredisant l'interprétation naturelle de la volonté du
défunt, est la règle normale, et qu'au contraire la solution
donnée pour la mort du légataire est l'exception, quoiqu'elle

(1) L'exercice personnel du droit du légataire se réduira à la faculté de comprendre l'objet légué dans ses dispositions testamentaires. (V. Savigny, *Traité*,
t. III, p. 217.)

(2) M. Machelard avoue bien que la différence est peu rationnelle (*op. cit.*, p. 14,
note).

cadre mieux avec les expressions employées par le *de cujus* et avec les décisions données dans les autres matières juridiques? Evidemment, nous sommes aussi bien venus à prétendre que la règle donnée pour la mort du légataire est seule logique et conforme aux principes généraux, et que celle donnée pour la mort de l'héritier est une exception fondée sur des motifs particuliers qu'il y aura lieu de rechercher bientôt.

Entre ces deux solutions, qui s'annulent mutuellement, et ne peuvent nous éclairer d'une façon péremptoire sur le principe général, il faudrait pouvoir en trouver une troisième qui ferait pencher la balance d'un côté ou de l'autre. Cette solution désirée serait celle qui nous montrerait comment était traitée la modalité, subordonnant le legs *à la mort d'un tiers*, à la mort de Titius, par exemple, qui ne serait ni l'héritier, ni le légataire. Malheureusement les textes sont muets sur cette hypothèse; aucun ne vise l'effet de cette modalité sur le *dies cedens*, sur la transmissibilité du legs. La plupart des commentateurs résolvent la question sans hésiter. Ils assimilent la mort d'un tiers à la mort de l'héritier. « Il en est évidemment de même de la mort d'un tiers, » s'écrie Savigny (1). On nous pardonnera de ne pas trouver la chose aussi évidente. Cette assimilation se conçoit lorsqu'on raisonne sous l'empire de l'idée préconçue que la solution donnée pour la mort de l'héritier était seule conforme aux principes du droit romain, et que la mort du légataire faisait exception à ces principes. Mais du moment que l'on a de graves raisons pour douter de l'exactitude de cette doctrine, on ne peut pas affirmer comme évident que la mort d'un tiers dût être assimilée à celle de l'héritier.

Bien au contraire, il y a des textes qui, sans viser directement la matière du *dies cedens*, règlent cependant, à d'autres points de vue, le sort des legs exécutoires à la mort d'un tiers. Et ces textes traitent absolument cette modalité comme un terme, et nullement comme une condition. Voici d'abord la L. 68, §§ 3 et 4, *De legatis*, 1°, D., 30. On sait qu'il n'est pas possible de léguer un esclave à quelqu'un et de lui donner en même temps la liberté, car, s'il devient libre, il ne peut plus appartenir au légataire. Par faveur pour la liberté, on faisait tomber

---

(1) *Traité*, t. III, p. 217, note.

le legs dans ce cas. Le § 2ᵉ de la L. 68, suppose la liberté donnée sous condition ; alors le legs de l'esclave sera valable sous la condition inverse, c'est-à-dire si l'esclave n'arrive pas à la liberté. Il en sera différemment si la liberté est donnée sous un terme, alors le legs est nul certainement, parce qu'il est certain qu'un jour ou l'autre l'esclave deviendra libre ; c'est ce que nous explique le § 3 : Quod si idem pure legatus sit, et ex die liber esse jussus erit : omnimodo inutile legatum est, quia diem venturam certum est; ita Julianus quoque sensit. En présence d'une opposition aussi nette entre les règles du terme et celles de la condition, le classement de la modalité *cum Titius morietur* sera tout à fait décisif dans la question qui nous occupe. Eh bien ! cette modalité est traitée comme le terme; elle annule le legs de l'esclave, § 4 : Unde ait : Si servus Titio legatus sit, et idem post mortem Titii liber esse jussus fuerit; inutile legatum est; quia moriturum Titium certum est. — Que devient, en présence de ce texte, la règle, telle qu'on l'entend généralement, *dies incertus in testamento conditionem facit?* Il s'agit bien là d'un terme incertain dans le sens généralement reçu : la mort de Titius; il s'agit bien d'une disposition testamentaire, plus spécialement d'un legs : le legs de la liberté. Quoiqu'il n'y ait pas en jeu une question de *dies cedens*, si la règle était absolue dans le sens où on la prend, elle devrait s'appliquer ici. Il n'en est rien. Objecterait-on que, dans l'espèce, Titius n'est pas proprement un tiers, puisqu'il est légataire de l'esclave, et chercherait-on à trouver, dans la solution donnée, l'application de la règle que la mort du légataire est traitée comme un terme? La réponse serait facile. Il y a deux legs en présence : le legs de l'esclave à Titius et le legs de la liberté à l'esclave. Le legs fait à Titius est pur et simple, n'est pas subordonné au décès du légataire ; la règle que nous venons de rappeler est donc étrangère à l'espèce proposée. Ce legs est seulement subordonné à la non-efficacité de l'autre : le legs de la liberté à l'esclave. Dans ce dernier legs, le légataire, c'est l'esclave ; ce legs étant subordonné à la mort de Titius, Titius n'est pas le légataire, il est un tiers. Il est donc bien exact de dire, comme nous le faisons, que le legs subordonné à la mort d'un tiers n'est pas traité comme un legs conditionnel, mais comme un legs à terme. Dès lors, remontant à la question principale que nous étudions dans ce travail, nous dirons que, si la mort de l'héritier est traitée comme une condition dans les legs, ce n'est pas par application des principes généraux, par analogie avec les cas semblables : c'est, au contraire, par une exception spéciale aux principes.

L'autre texte que nous avons annoncé est la L. 1, § 18, *De collat.*, D. 37, 6. Cette loi très courte se borne à dire : Si emancipato legatum fuerit, *cum pater morietur*, etiam hoc conferre debet. La question que le jurisconsulte Ulpien se préoccupe principalement de résoudre est une question de *collatio bonorum*. Le fils émancipé, appelé par le préteur à la succession de son père, doit rapporter à ses frères et sœurs tout ce qu'il a acquis du vivant de ce dernier; parce que toutes ces valeurs se trouveraient dans l'hérédité paternelle, si le fils n'avait pas été émancipé. Que doit-on décider pour les biens légués à l'enfant « à la mort du père, » *cum pater morietur ?* On les range parmi les biens acquis du vivant du père, parce que, dit-on, le moment de la mort est le dernier instant de la vie (1). — Mais à côté de cette solution directe et principale de la L. 1, § 18, il y en a une autre implicite qui touche à la question que nous étudions. Si le legs *cum pater morietur* était traité comme conditionnel, le jurisconsulte ne devrait pas dire absolument et uniformément que le rapport sera dû, il devrait dire : le rapport sera dû si le legs a été efficace, si le fils a pu le recueillir ; le rapport ne sera pas dû, si, par la défaillance de la condition, l'enfant n'a rien reçu. — Mais, objectera-t-on, la condition est forcément réalisée : puisque le fils, par hypothèse, est appelé à la succession de son père, il lui a nécessairement survécu ; or, si le legs *cum pater morietur* est conditionnel en vertu de la L. 75, *De cond. et dem.*, la condition c'est la survie du légataire (L. 1, § 2, *eod. tit.*); donc la condition s'est nécessairement réalisée par le prédécès du père. La réponse n'est pas absolument péremptoire; car la *collatio* est imposée, non seulement au fils émancipé lui-même, mais encore à ses enfants, s'il est prédécédé et s'ils sont appelés à la succession de leur grand-père. V., not., la L. 2, *De collationibus*. Il peut donc très bien se faire que le fils émancipé soit mort avant son père ; dans ce cas, si l'on appliquait la L. 75, *De cond.*, le fils n'aurait pas

____

(1) Nous avons critiqué plus haut cette raison.

transmis à ses héritiers son droit au legs ; ceux-ci, ne recueillant rien, n'auraient rien à rapporter ; et Ulpien aurait eu tort de dire sans réserve que le rapport est dû dans l'espèce qu'il avait proposée. Au contraire il a parlé très exactement si la modalité *cum pater morietur* est traitée comme un terme ; car alors le prédécès du fils légataire n'affecte en rien la validité de la disposition ; ses enfants recueillent toujours le legs, ils doivent donc toujours le rapporter. Ce texte vient donc à l'appui du précédent ; il prouve, comme lui, que la mort d'un tiers (le père du légataire n'est ni l'heritier, ni le légataire dans le testament qui gratifie le fils) est traitée comme un terme et non comme une condition. Et, qu'on le remarque ! ce sont les principes même du *dies cedens* qui sont en jeu dans ce texte. Il est donc tout à fait probant pour la thèse que nous soutenons.

La conséquence à tirer de toute l'argumentation qui précède, c'est que la mort d'un individu quelconque n'est pas, en principe général, traitée comme une condition. D'où il faut conclure nécessairement que tout terme incertain au sens moderne n'est pas assimilé à une condition ; par conséquent, que la règle *dies incertus in testamento conditionem facit*, n'est pas donnée en vue de ce que nous appelons, en langage moderne, un terme incertain.

Reste à nous demander pourquoi la mort de l'héritier était seule traitée autrement que les autres décès, pourquoi l'on y voyait une condition. Ce ne peut être que pour des raisons spéciales à ce cas, pour des raisons intrinsèques, tirées probablement de l'intention du disposant ou des usages romains.

Nous remarquons tout d'abord que les auteurs même, qui expliquent le caractère conditionnel du legs *cùm heres morietur* par la règle *dies incertus conditionem facit*, jugent nécessaire de recourir toujours à l'intention du testateur pour justifier l'application de cette règle. V., not., Machelard : *Examen de la règle dies incertus, etc.*, n°s 5 et suiv.; Accarias, *Précis de Droit romain*, t. I, p. 972, note 1 ; M. Bufnoir, également dans son savant ouvrage sur *la condition* en droit romain, fait remarquer que la L. 79, § 1, *De cond.*, citée plus haut, donne implicitement la raison de cette dérogation aux effets ordinaires du terme : « *il y a ici une interprétation de la volonté du testateur ;* on suppose qu'il a entendu subordonner l'efficacité du legs à la condition que le légataire sera encore vivant à l'époque incertaine de l'arrivée du terme. » M. Louis Durand, qui partage notre manière de voir sur l'explication de la règle, se borne également à lui donner pour fondement la volonté du testateur (V. sa brochure, p. 14 et 15).

Peut-être est-il possible d'aller plus loin et de rechercher les motifs de cette interprétation de volonté, en nous efforçant de comprendre, au point de vue pratique, l'esprit qui inspirait les testateurs romains, lorsqu'ils faisaient un legs sous cette modalité : *cùm heres morietur*. Pour peu qu'on réfléchisse quelques instants sur cette disposition, on est frappé de sa ressemblance avec la substitution fidéicommissaire, déjà usitée, comme on le sait, en droit romain. La mort du gratifié en premier ordre, prise comme époque de la restitution au fidéicommissaire, était déjà à Rome un caractère, sinon essentiel, au moins naturel de ces substitutions : V. la L. 87, § 2, *De leg.*, 2°, D., 31 ; L. 16, *De pactis*, C. 23. Ce terme s'y sous-entendait même facilement, lorsque l'époque n'avait pas été fixée par le testateur : L. 75, § 1, *ad Senatusconsultum Trebellianum*, D., 36, 1; L. 41, § 13, *De leg.* 3°, D., 32. N'est-il pas permis de conjecturer que le legs *cùm heres morietur* était employé à Rome pour arriver au même résultat ? Le testateur réglait le sort de l'objet légué dans la succession de son héritier ; il faisait, du moins quant à cet objet, le testament de celui-ci. Par suite, de même que l'héritier ou le légataire institué en premier ordre devait avoir survécu au *de cujus*, de même aussi, dans notre cas, le légataire devait survivre à l'héritier. C'est cette nécessité de la survie du légataire qui était directement voulue par le disposant ; c'est elle que les jurisconsultes, interprètes de la volonté du testateur, avaient voulu réaliser en retardant le *dies cedens* jusqu'à la mort de l'héritier. Et pour retarder ainsi le *dies cedens*, le moyen le plus simple était de considérer comme une condition la clause *cùm heres morietur*. Ce retard du *dies cedens* rapprochait encore, à d'autres égards, la disposition dont nous parlons des substitutions fidéicommissaires, en donnant au légataire des droits analogues à ceux d'un successeur de l'héritier. D'une part, en effet, la disposition n'était efficace qu'autant que l'objet existait encore à la mort de l'héritier, et, si cet objet était une *universitas*, comme un pécule, un troupeau, le légataire la prenait avec la composition qu'elle avait à

la même époque. D'autre part, si le légataire était *alieni juris,*
la disposition profitait à celui qui l'avait sous sa puissance au
décès de l'héritier ; elle profitait au légataire lui-même, s'il
était alors devenu *sui juris.* Il était un point seulement à
l'égard duquel ce mode de disposition ne se prêtait pas à réaliser tous les effets des substitutions de notre droit français
ancien ou moderne. Il n'était pas possible d'appeler, au bénéfice de la disposition, un légataire non encore conçu au décès
du testateur. Si les testateurs romains avaient eu le désir de
produire ce résultat, ils auraient dû alors recourir au fidéicommis,
c'est-à-dire à la forme qui précisément a donné son nom aux
substitutions modernes.

Pourtant un résultat analogue aurait pu encore être obtenu,
mais d'une manière assez imparfaite, au moyen d'une disposition que nous avons rencontrée déjà, au cours de cette étude,
dont il est fait mention dans des textes assez nombreux, et dont
cependant les interprètes trouvent difficilement à expliquer
l'utilité pratique. Nous voulons parler de la condition *cùm lega-*
tarius morietur. On ne voit pas aisément quelle pouvait être
la pensée du testateur qui veut gratifier un légataire, mais qui
lui fait attendre le bienfait de sa libéralité jusqu'au moment de
la mort, c'est-à-dire jusqu'à l'époque où il ne pourra plus en
jouir (1). Pour nous, il nous semble que l'explication de cette
bizarrerie doit se chercher dans l'intention qu'un testateur peut
avoir très légitimement de disposer en faveur de tous les héritiers, nés et à naître, du légataire. Il craint l'esprit de dissipa-
tion de celui-ci ; il veut assurer la fortune ou l'aisance de ses
enfants ; mais il ne veut pas établir d'inégalité entre eux suivant
l'époque de leurs naissances respectives. Pour cela, il dispose
en faveur de leur père pour le moment de la mort de celui-ci.

Il ne nous échappe pas que ce moyen d'assurer ses intentions
libérales paraîtra bien imparfait à des jurisconsultes. Il est possible que le légataire n'ait plus d'enfants quand il viendra à
mourir ; il est possible, par conséquent, que le bénéfice du legs
s'égare sur la tête d'héritiers éloignés auxquels n'a pas pensé le

---

(1) M. Machelard fait remarquer que le legs *cum heres morietur* peut avoir pour
objet de ménager l'héritier auquel le testateur veut du bien ; tandis que le legs
cum legatarius morietur n'a pas d'explication raisonnable et devait être peu usité.
L'abondance des textes semble contredire cette dernière proposition.

testateur. Il est possible aussi que le légataire, dans la mesure où cela lui a été permis aux diverses périodes de la législation romaine, dispose par testament au profit de personnes étrangères, et que le bénéfice du legs qu'il a reçu soit compris dans ces dispositions. Mais ces objections, qui n'échappent pas à un jurisconsulte, peuvent ne pas arrêter un testateur, pour qui l'état actuel d'une famille et la grande probabilité de la persistance de cet état est un motif suffisant de disposer. On ne prévoit pas toujours, en pratique, tout ce qui peut arriver; et, le prévît-on, l'on sait que dans les choses humaines, dans les engagements d'avenir, la certitude absolue ne se rencontre guère, et que, presque toujours, on ne peut pratiquement tabler que sur des probabilités. Cet usage possible du legs *cùm legatarius morietur*, offrait donc certains avantages des substitutions modernes; mais des avantages autres que ceux que l'on pouvait réaliser par le legs *cum heres morietur*. L'un et l'autre mode étaient imparfaits. Celui qui nous occupe en ce moment présentait surtout une lacune grave en ce qu'on ne pouvait pas faire jouir le légataire lui-même de la valeur léguée tout en la conservant pour ses enfants. Il faut pourtant reconnaître, et cela avec la plupart des interprètes, que ce legs n'était pas dépourvu de toute utilité pour le légataire lui-même. Nous ne prétendrons pas qu'il eût pu, à Rome, en *escompter*, à proprement parler, le bénéfice; car, ainsi que le fait observer M. Machelard, les Romains ne paraissent pas avoir poussé assez loin le calcul des probabilités pour que cet escompte ait pu entrer dans la pratique. Mais néanmoins le légataire pouvait, au sens vulgaire du mot, escompter l'avenir; comptant sur une disposition qui assurait le sort de ses enfants, il pouvait moins se gêner dans ses propres dépenses, se préoccuper moins des économies à réaliser, et, par conséquent, jouir plus largement de ses revenus (1). Voilà comme nous comprenons l'utilité du legs fait *cùm legatarius morietur*.

Nous devons maintenant revenir à la question réservée plus haut et nous occuper du terme incertain inséré *dans les institutions d'héritier*. Si l'on donne à la règle *dies incertus in testamento conditionem facit* le sens que nous lui avons attribué,

____

(1) Comp. Savigny, *Traité*, t. III, p. 214, 216 de la traduction française.

il ne peut y avoir de doute sur son application aux institutions d'héritiers, puisque le *dies incertus* est toujours au fond une véritable condition déguisée sous la formule d'un terme. Mais faut-il admettre, avec un grand nombre de commentateurs (1), que le terme incertain, dans le sens moderne, ait été assimilé à une condition? Pas plus ici que pour les legs. Et, relativement aux institutions d'héritier, la discussion des textes ne saurait fournir d'argument contre notre doctrine, ni en faveur de l'opinion généralement reçue. En effet, il existe, sur la question, un seul texte et ce texte ne se prononce pas sur l'interprétation à donner de la clause qu'il prévoit. Ce texte est la L. 9, *De heredibus instituendis*, C., 6, 24, ainsi conçue : Extraneum etiam cum moreretur heredem scribi placuit. La disposition dont il est question dans ce fragment est valable, c'est tout ce qu'il nous apprend ; mais on ne nous dit pas comment elle est traitée. Cherchons, néanmoins, si l'on peut tirer de cette loi quelques lumières sur la question qui nous préoccupe.

D'abord, l'hypothèse même sur laquelle statue l'empereur est douteuse. Tel que nous l'avons transcrit, le texte suppose l'institution subordonnée à la mort de l'héritier. Certaines éditions, au contraire, donnent : Extraneum etiam cum *quis* moreretur, heredem scribi placuit. Ce qui ferait allusion à la mort d'un tiers. Mais entre ces deux leçons on ne saurait hésiter, attendu que les manuscrits donnent, paraît-il, tous *cùm moreretur ;* le mot *quis* a donc été ajouté par des éditeurs des Pandectes ; il n'a aucune autorité. Tous les commentateurs français modernes lisent ainsi le texte (2) ; M. Machelard spécialement défend, par des raisons tirées des principes même de la matière, la leçon des manuscrits (3).

Le texte se bornant à constater la validité de la disposition, peut-on, de cette validité, induire quelque conséquence relativement à la question de savoir si la modalité est traitée comme un terme ou comme une condition? M. Machelard nous paraît

______

(1) V. Savigny, t. III, p. 216, lettre A; Bufnoir, *op. cit.*, p. 13; Machelard, *op. cit.*, p. 21 et suiv.

(2) Bufnoir, *De la condition*, p. 13; Accarias, *Précis de droit romain*, 2ᵉ édit., t. I, p. 809, note 1.

(3) Machelard, *op. cit.*, n.ⁱ15 et 16.

avoir victorieusement démontrée qu'elle était traitée comme un véritable terme. Il y a deux arguments à l'appui de cette solution. D'abord, si l'on raisonne par analogie de ce qui est certainement décidé pour les legs, on constate que l'institution *cum heres morietur* présente toute analogie avec le legs *cum legatarius morietur* et n'en présente aucune avec le legs *cum heres morietur*. Le bénéfice de la disposition est, dans les deux premières clauses que nous comparons, subordonné au décès du gratifié, tandis que dans la troisième il est subordonné au décès de l'héritier grevé. Si donc la clause *cum legatarius morietur* dans un legs est traitée comme un terme, il doit en être de même de la clause *cum heres morietur* dans une institution d'héritier (1). — D'autre part, en allant au fond des choses, M. Machelard ne voit pas le moyen de faire fonctionner l'institution *cum heres morietur*, si l'on veut la traiter comme conditionnelle. En effet, il est, de principe, que l'adition d'hérédité doit être faite par l'institué lui-même et, nécessairement alors, pendant sa vie. Il est de principe également que, dans une institution conditionnelle, l'adition n'est possible qu'après l'arrivée de la condition. Dès lors, comment veut-on que l'héritier accepte lui-même l'hérédité, puisque la condition ne se réalise que par son décès? Un moyen, fort ingénieux sans doute, avait été indiqué par M. Accarias dans son remarquable compte rendu de l'ouvrage de M. Bufnoir (2); il supposait qu'on permettait alors une adition anticipée en faisant donner par l'héritier la caution Mucienne pour garantir la restitution au cas où l'héritier aurait perdu la *testamenti factio* avant sa mort. Mais M. Machelard objecte, avec juste raison suivant nous, que l'on ne trouve aucune trace, dans les textes, d'un pareil emploi de la caution Mucienne. Celle-ci avait été inventée uniquement pour permettre l'exécution d'un legs subordonné à une condition négative potestative pour le légataire : v. L. 7, *pr.*, et 18, *De cond. et dem.*, D., 35, 1. Les textes ne signalent aucun autre emploi de ce procédé. M. Accarias ne reproduit pas son explication dans son savant *Précis de droit romain, loc. cit.*; et il re-

---

(1) Cette explication est admise par M. Accarias dans son *Précis de droit romain,* loc. cit.

(2) *Revue de législation*, t. II (1867), p. 88.

connaît formellement que l'adition n'aurait pas été possible si l'on avait traité cette institution comme conditionnelle.

Nous maintenons donc que, si une institution d'héritier était subordonnée à la mort de l'héritier, cette modalité était traitée comme un terme, de même que la mort du légataire dans un legs. Il y a lieu seulement de signaler, avec M. Machelard, une différence notable dans le résultat final de cette clause suivant qu'il s'agit d'un legs ou d'une institution d'héritier. Dans le legs elle fonctionnait comme tout terme et retardait l'exécution de la disposition. Au contraire, dans l'institution d'héritier elle devait être effacée, puisque aucun terme ne pouvait, dans les principes du droit romain, affecter une institution d'héritier, et que l'institution, malgré le terme inséré dans le testament, était traitée comme une disposition pure et simple.

Nous arrivons donc à cette conclusion d'ensemble que le terme incertain proprement dit, le terme incertain au sens moderne, n'était jamais traité comme une condition, ni dans les legs, ni dans les institutions d'héritier. Est-il nécessaire de tirer de cette conclusion une conséquence pour le droit français moderne? Nous le ferons en tout cas très brièvement. Si les jurisconsultes romains n'ont jamais admis la règle exorbitante qu'on leur a attribuée jusqu'ici, évidemment ce n'est pas aux jurisconsultes modernes d'introduire une pareille singularité dans notre législation si simple et si naturelle. Lors même que les Romains auraient donné à la phrase de Papinien le sens que nous lui refusons, ce ne serait pas encore une raison suffisante pour admettre la même solution dans notre droit moderne. C'est par là que nous répondrons à une objection que l'on pourrait nous adresser. Nous voulons bien admettre, nous disait-on, que la règle *dies incertus...* n'avait pas le sens qu'on lui attribue généralement; mais toujours est-il que nos anciens auteurs l'entendaient dans ce sens, et l'on sait que, si les rédacteurs du Code se sont bien souvent inspirés du droit romain, ce n'est pas généralement dans les textes qu'ils en ont puisé la connaissance, c'est dans les écrits des anciens jurisconsultes français. Peu importe donc quel était le vrai sens de l'adage, du moment que ces écrivains le comprenaient dans le sens traditionnel. Nous répondons que les précédents historiques ne sont pas un argument suffisant pour consacrer une solution en droit français moderne. Il faut un texte pour déroger aux règles ordinaires sur l'interprétation des manifestations de volonté, pour donner à une clause d'un testament un sens qui ne résulte pas naturellement des expressions employées par le testateur. Or ce texte n'existe pas. Les art. 1040 et 1041, malgré une légère obscurité qui peut planer sur la pensée du législateur, ne contiennent pas un mot qui puisse nous forcer à admettre qu'il a entendu viser le terme incertain. En tout cas l'art. 1041, s'il se référait à cette modalité, lui refuserait formellement les effets d'une condition, puisqu'il accorde au légataire, dès la mort du testateur, un droit acquis et transmissible à ses héritiers.

Nous croirions avoir fait une œuvre utile, si nous étions parvenus à débarrasser définitivement la doctrine moderne des derniers vestiges d'une règle irrationnelle, qui a trop longtemps encombré la science du droit.

BARD (Alph.), docteur en droit, substitut près le tribunal civil de la Seine. — *Précis de droit international pénal et privé.* 1 vol. in-8. 7 50

BARD et **ROBIQUET**. — *Droit constitutionnel comparé.* La Constitution française de 1875, étudiée dans ses rapports avec les législations étrangères, par MM. A. BARD et P. ROBIQUET. *Deuxième édition*, revue, corrigée et augmentée. 1 beau vol. gr. in-18 jésus. 5 »

BLOCH (G.). *Origines du Sénat romain. Recherches sur la formation et la dissolution du Sénat patricien.* 1 vol. gr. in-8º. 9 »

BOISSONADE (Gustave), professeur agrégé à la Faculté de droit de Paris. — *Histoire des droits de l'époux survivant (Ouvrage couronné par l'Institut de France :* Académie des sciences morales et politiques). 1 vol. in-8. 7 50

BOISTEL (Alphonse), professeur à la Faculté de droit de Paris. — *Précis d'un cours de droit commercial professé à la Faculté de droit de Paris. Troisième édition*, revue, corrigée et considérablement augmentée. 1884, 1 fort vol. grand in-8. 15 »

DROZ (Alfred), avocat à la Cour d'appel de Paris, docteur en droit, lauréat de l'Institut de France. — *Traité des assurances maritimes, du délaissement et des avaries.* 2 beaux vol. in-8. 18 »

DUCROCQ (Th.), professeur de droit administratif à la Faculté de droit de Paris, correspondant de l'Institut de France, etc., etc. — *Cours de droit administratif*, contenant l'exposé et le commentaire de la législation administrative dans son dernier état, avec la reproduction des principaux textes, dans un ordre méthodique. *Sixième édition*, considérablement augmentée, mise au courant de la doctrine, de la jurisprudence, etc. 1881, 2 très forts vol. in-8 compacts, contenant la matière de plusieurs volumes ordinaires. Brochés. 20 »
— *Le même ouvrage.* Relié en demi-chagrin. 24 »

FABRE (Jules), avocat à la Cour d'appel de Paris. — *Des courtiers* (courtiers d'assurances maritimes, courtiers interprètes conducteurs de navires, courtiers assermentés aux tribunaux de commerce, courtiers libres, etc.). 2 vol. in-8. 16 »

GÉRARDIN (C.), professeur de droit romain à la Faculté de droit de Paris, et **JOZON** (Paul). — *Le droit des obligations*, traduit de l'allemand de M. de Savigny. *Deuxième édition*, revue, corrigée et augmentée. 2 beaux vol. in-8 sur papier vélin. 15 »

HAUS (J.-J.). *Principes généraux de droit privé belge. Troisième édition.* 1885, 2 beaux vol. in-8º. 20 »

KELLER (F.-L. de). — *De la procédure civile et des actions chez les Romains*; traduit de l'allemand et précédé d'une introduction par M. Charles CAPMAS, recteur honoraire de l'Académie de Toulouse. 1870, 1 beau vol. in-8. 9 »

LALANDE (H. de) et **COUTURIER** (Abel). — *Traité théorique et pratique du contrat d'assurances contre l'incendie*, d'après la doctrine et la jurisprudence. 1885, 1 fort vol. in-8º. 10 »

LEFORT (Joseph), lauréat de l'Institut de France, avocat à la Cour d'appel de Paris. — *Cours élémentaire de droit criminel* (Droit pénal, Procédure criminelle). *Deuxième édition*, revue et augmentée. 1 vol. in-8. 8 »

RAMBAUD (Prosper), avocat, répétiteur en droit. — *Précis élémentaire d'économie politique*, à l'usage des Facultés de droit et des Écoles. *Quatrième édition.* 1 vol. gr. in-18 jésus. 3 »
— *Du Placement des capitaux en valeurs de bourse.* 1885, 2 vol. in-8º. 16 »

STAHL (Frédéric-Jules). — *Histoire de la philosophie du droit.* Traduit de l'allemand et précédé d'une introduction et d'une notice historique et critique sur les œuvres de l'auteur, président du consistoire central, professeur de l'Université de Berlin et membre de la Chambre des seigneurs; par A. Chauffard, président du tribunal civil de Lavaur. 1 vol. in-8. 12 »

SUMNER MAINE (Sir Henry), correspondant de l'Institut de France, professeur à l'Université de Cambridge, membre de la Société royale de Londres, etc. — *Études sur l'histoire des institutions primitives.* Traduit de l'anglais, avec une préface, par M. Jos. Durieu de Leyritz, avocat, et précédé d'une introduction par M. H. d'Arbois de Jubainville, professeur au collège de France. 1 beau vol. in-8. 10 »
— *Études sur l'ancien droit et la coutume primitive*, trad. de l'anglais par René de Kérallain, docteur en droit. 1884, 1 vol. in-8º. 10 »

THÉZARD (Léopold), doyen et professeur de code civil à la Faculté de droit de Poitiers, avocat à la Cour d'appel. — *Du nantissement, des privilèges et des hypothèques* et de l'expropriation forcée (*Code civil*, liv. III, titres XVII-XIX). 1880, 1 vol. in-8. 9 »
— *Répétitions écrites sur le droit romain. Quatrième édition*, refondue et considérablement augmentée. 1885, 1 vol. gr. in-18, jésus. 5 »